Leadership Culture
Führungskultur verstehen und leben
Michael Lorenz

I0481282

Michael Lorenz

Leadership Culture

Führungskultur
verstehen und leben

2. Auflage

Copyright © 2018, 2021
Michael Lorenz, Autor
grow.up. Managementberatung GmbH
Quellengrund 4, 51647 Gummersbach
lorenz@grow-up.de
Tel.: 02354/70890-0
www.grow-up.de
Redaktion: Ilona Haselbach,
grow.up. Managementberatung GmbH
Covergestaltung: Jessica Drescher, grow.up.
Managementberatung GmbH

2. Auflage 2021

ISBN-13: 978-1983590245
ISBN-10: 198359024X

Inhalt

Vorwort

Wir wollen mit unserer neuen Booklet-Reihe erreichen, dass Führungskräfte besser verstehen können, in welchen organisatorischen Strukturen sie sich befinden, welches Kommunikations- und Führungsverhalten von ihnen erwartet wird und wie sie ihr Umfeld verändern können, wenn sie das wollen oder müssen.

Wir schildern in diesem Booklet – dem ersten der Reihe – anhand verschiedener Kriterien und Beispiele verschiedene exemplarische Führungswelten. Wir halten keine dieser Welten für *richtig* oder *falsch,* sie unterliegen alle verschiedenen Bedingungen und es müssen bestimmte Kriterien erfüllt sein, damit sie stabil funktionieren und ihren Zweck erfüllen.

In diesem Booklet lernen Sie das grow.up. Führungskulturmodell kennen, bekommen einen Überblick über unterschiedliche Führungswelten und können sich anschließend selbst und Ihre Führungssituation noch besser einordnen.

Demnächst erscheinen weitere, spezielle Booklet-Ausgaben zu den verschiedenen Führungswelten:

- Leadership Culture. Auf Erfolgskurs im agilen Segelboot, ISBN: 978-1983590870

- Leadership Culture. Gut getaktet in der dynamischen Galeere, ISBN: 978-1983591068

- Leadership Culture. Im Konsens zum Ziel in der Kuschelecke, ISBN: 978-1983591112

- Leadership Culture. Gipfelstürmen mit dem patriarchalen Bergführer, ISBN: 978-1983591167

In diesen aufeinander aufbauenden Booklets geben wir Ihnen Ideen, was Sie an Ihrer Situation ändern können, womit Sie sich besser abfinden sollten und wann Sie die Situation besser verlassen sollten. Es folgen Muster und Checklisten zur Arbeit an Ihren Kompetenzen und Vorschläge für Führungsinstrumente, Kommunikationsregeln und Verhaltensweisen, die zu Ihrer Situation passen und die Sie in Ihrer Situation erfolgreicher werden lassen.

Ich wünsche Ihnen viel Freude beim Lesen und Umsetzen!

Ihr Michael Lorenz

Gummersbach, im Juli 2021

Hinweis: Wir nutzen in diesem Buch männliche und weibliche Formen, ohne dass dies eine Bevorzugung oder Zurücksetzung einer Geschlechterform darstellen soll. Es ist in allen Ausführungen aber sinngemäß immer die männliche und weibliche Form gemeint.

Was ist Führung?

Wenn wir uns mit Führung beschäftigen, ist es hilfreich, im ersten Schritt zu definieren, was denn eigentlich das *Wesen* von Führung ausmacht. Hierzu verlassen wir für einen kurzen Moment das Thema Führung und stellen uns eine zunächst seltsam erscheinende Frage:

Was ist Wurst?

Stellen Sie sich vor, Sie müssten jemandem den Begriff *Wurst* – bzw. das, was sich dahinter verbirgt – erklären, der weder das Konzept noch den Begriff *Wurst* kennt. Stellen Sie sich einen Außerirdischen wie Alf vor, der zwar die Menschen vor seiner Ankunft studiert hat, aber eben *Wurst* nicht kennt.

Versuchen Sie es also einmal! Nehmen Sie ein weißes Blatt und schreiben Sie auf, was Sie jemandem sagen würden, dem Sie versuchen *Wurst* zu erklären.

Zweifelsohne finden sich in Ihrer Definition solche Begriffe wie z. B. *Nahrungsmittel, dient zur Ernährung, Fleisch, zerkleinert, gemischt, gepresst, gekocht, gegrillt, roh, gewürzt, geformt, in einer Pelle, hat zwei Enden* usw.

Lesen Sie es noch einmal durch und versuchen Sie sich die Frage zu stellen, ob Alf, der nicht wusste, was *Wurst* ist, nun weiß, was Sie damit meinen. An diesem Punkt werden Sie feststellen müssen, dass reine Assoziationen noch nicht genügen, um das Konzept *Wurst* gänzlich und in vollem Umfang zu verstehen.

Um jemandem etwas zu definieren und wirklich verständlich zu machen, hilft es häufig, nach einem Oberbegriff zu suchen. Unser Gegenüber braucht eine Kategorie, in die er das neue Phänomen einordnen kann. Im Fall von *Wurst* wäre das z. B. die Kategorie *Nahrungsmittel*. Die wird Alf, dank seiner intensiven Studien über die Menschen, kennen.

Erst im zweiten Schritt suchen wir nach den Spezifika, also den Elementen, die die *Wurst* zur *Wurst* machen. Wahrscheinlich werden Sie folgende Begriffe als Spezifika wählen: Fleisch, welches zerkleinert, gewürzt, in eine Hülle gebracht und haltbar gemacht wurde.

Voilá: Oberbegriff und Spezifika können helfen, etwas Unbekanntes oder Unklares greifbar zu machen. Nun aber zurück zu unserer Ausgangsfragestellung: Was ist Führung?

Versuch einer Definition von Führung

Wenn wir dieses Vorgehen auf den Begriff *Führung* übertragen, so kommen bei der Suche nach dem Bedeutungsgehalt von *Führung* Begriffe wie *Zwischenmenschliche Interaktion, Über- und Unterordnung, Disziplin, Arbeitsauftrag, Konfliktlösung, Steuerung, Ausrichtung,* Einbeziehung, Information usw. auf.

Wie im *Wurst-Beispiel* hilft uns die Beschreibung unterschiedlicher Führungsbestandteile nicht zu erklären, was *Führung* denn nun wirklich ist. Suchen wir also zuerst nach einem Oberbegriff.

Dazu stellen wir uns folgende Frage: Ist *Führung* ein Phänomen, was ausschließlich bei Menschen auftaucht? Die Antwort fällt leicht: *Führung* ist ein Verhalten, was wir nicht nur von Menschen, sondern auch aus dem Tierreich kennen. Die Begriffe *Leithammel, Leitwolf, Leitstute*, etc. weisen darauf hin, dass es scheinbar auch im Tierreich das Phänomen gibt, dass einzelne Tiere *stärker* oder *häufiger* die Richtung bestimmen als andere.

Interessanterweise tendieren Tierherden niemals dazu, die jüngsten, unerfahrensten, kraftlosesten oder einfältigsten Tiere zum Leittier zu machen.

Als nächstes können wir uns die Frage stellen, wie viele Lebewesen man (mindestens) braucht, damit wir von dem Verhalten *Führung* sprechen können.

Stellen wir uns die Situation bildlich vor, wird schnell klar, dass mindestens zwei Lebewesen dazugehören – nämlich mindestens eines das führt und eines das geführt wird. Wir können schlussfolgernd festhalten, dass es sich bei dem Phänomen *Führung* um ein Verhalten aus dem Bereich der sozialen Beziehungen handelt.

Wenn wir nun analog zu dem *Wurst-Beispiel* nach dem Spezifikum *Führung* suchen, müssen wir uns die Frage stellen, was unterscheidet *Führung* von den anderen sozialen Beziehungen die wir kennen und in denen wir leben?

Andere soziale Beziehungen wie z. B. Liebe, Freundschaft, Partnerschaft, Kameradschaft oder Kollegialität sind (zumindest mehr oder weniger) dadurch gekennzeichnet, dass die beiden Partner *gleichwertig sind* (oder zumindest vermuten, dass sie gleichberechtigt sind), d. h. sich nicht per Definition unterscheiden. Die Situation, in der die Gleichheit auf die Probe gestellt wird, heißt *Konflikt* und viele Menschen scheuen Konflikte nicht ohne Grund. Denn hier kommt häufig die Wahrheit über Gleichheit und Ungleichheit ans Licht und viele von uns leben lieber mit Illusionen.

Ein großer Teil der sozialen Beziehungen, die wir kennen und in denen wir gerne leben, ist durch diese Horizontalität, also das Agieren auf einer gleichberechtigten Ebene (oder zumindest die entsprechende Vermutung), gekennzeichnet.

Obwohl gleich sein und Gleichberechtigung im ersten Moment positiv und wünschenswert klingen, bergen sie in sozialen Beziehungen Konfliktpotenziale. Jeder, der eine Beziehung, in der die Parteien gleichberechtigt sind, bereits einmal eingegangen ist, hatte mit Sicherheit schon Gelegenheit dies festzustellen. Es kommt in Freundschafts- und Partnerschaftsbeziehungen, im Kollegenkreis, unter Nachbarn und Vereinskameraden immer wieder zu Situationen, in denen die Betroffenen unterschiedliche Interessen haben und versuchen müssen, sich mit Hilfe verschiedenster Mittel (unter anderem auch Führungsmethoden) auf eine gemeinsame, neue Richtung zu einigen. Dies stellt sich umso schwerer dar, je horizontaler die Beteiligten normalerweise miteinander agieren.

Bei einer klaren Führungsbeziehung ist dies anders. Sie ist von Beginn an durch eine *Vertikalität* gekennzeichnet, d. h. durch eine Nicht-Gleichheit desjenigen der führt und desjenigen der geführt wird. Hier entstehen die Schwierigkeiten nicht aus der Gleichheit, sondern aus der *Ungleichheit* beider Parteien.

Führung ist ein Verhalten, welches aus dem Formenkreis der sozialen Beziehungen stammt und durch die Ungleichheit der Beteiligten gekennzeichnet ist. Worauf diese Ungleichheit beruht – ob auf erworbenen Elementen (z. B. Erfahrung, Kompetenz) oder Wissen oder Geburtsrecht (z. B. familiäre

Herkunft, Adelsstand, die Kastenzugehörigkeit in Indien) oder kulturellen Bedingungen (z. B. Alter in einigen asiatischen Kulturen) – ist zu definieren. Wir kommen später noch darauf zurück.

Durch diese *Vertikalität*, bzw. den Rechteabstand, kann eine der beiden Parteien bestimmen, was wie getan wird und mit höherer Wahrscheinlichkeit den eigenen Willen durchsetzen. Häufig wird dieser Rechteabstand über Hierarchien abgebildet. Die Zugehörigkeit zu einer bestimmten Hierarchiestufe definiert, was jemand darf und was nicht.

Kernfragen der Mitarbeiterführung

Reflektieren wir die oben angeführten Überlegungen, geht es in Bezug auf die Führung von Mitarbeitern im Kern um folgende Fragen:

- „Was muss ich als Führungskraft tun, damit Menschen mir folgen?"

- „Brauche ich die Vertikalität überhaupt?"

- „Wieviel Vertikalität ist notwendig und hilfreich, um meine, unsere und die Ziele der Organisation zu erreichen?"

- „Wieviel Vertikalität ist akzeptabel und wird mir von der Organisation und/oder meinen Mitarbeitern zugestanden?"

- „Was muss ich tun, um eine positive (hilfreiche/kon-struktive/zielführende) Vertikalität zu erreichen und – wo sinnvoll – auch aufrecht zu erhalten?"

Brauche ich Vertikalität überhaupt?

Die Suche nach Konsens und freiwilliger Übereinstimmung erbringt nicht in allen Situationen ein zufriedenstellendes Ergebnis.

Stellen Sie sich folgende Situation vor: Sie gehen mit insgesamt neun Leuten, darunter zwei Pärchen, ins Kino und versuchen sich nach dem Kinobesuch (es ist schon recht spät, der Film hatte Überlänge) gemeinsam auf ein Restaurant zu einigen, welches im Anschluss an die Kinovorführung besucht werden soll. Wenn keine Führung stattfindet, geht die Situation erfahrungsgemäß so aus: Ein Teil der Leute geht zum Italiener, ein anderer Teil der Gruppe verharrt ratlos und ein kleiner Teil fährt mehr oder weniger unzufrieden und hungrig nach Hause.

Selbst diese einfache Situation, in der es um nicht mehr geht, als gemeinsam zu essen, ist ohne Führung schwer lösbar. Das heißt übrigens nicht, dass irgendwer oder mehrere *bestimmen* müssen, was zu tun ist. Mit sich und dem eigenen Umgang erfahrene Gruppen schaffen sich selbst Regeln und Führungsinstrumente, um in solchen Situationen auch ohne eine bestimmte Person, die führt, oder eine hohe *Vertikalität* zum Ziel zu kommen.

Wir brauchen also häufig eine Art Führung, um in sozialen Situationen Erfolge zu generieren und Ziele zu erreichen. Diese muss aber nicht unbedingt durch eine Hierarchie erkennbar abgebildet sein. Nur dadurch, dass in bestimmten Situationen gemeinsam in eine einheitliche Richtung gegangen wird, sind mit einer größeren Anzahl von Menschen wünschenswerte Resultate erreichbar. Führungsverhalten dient uns zur Ausrichtung, zum Steuern, zum Lenken und damit dazu, Ziele gemeinschaftlich zu erreichen. Ohne Führung werden selbst im Vorhinein einfach erscheinende Problemstellungen schnell zu komplizierten und nicht – oder nur sehr langwierig – lösbaren Aufgaben.

Schwierigkeiten bei der Führung

Nachdem wir uns die Frage beantwortet haben, wozu wir Führung brauchen, wird intuitiv klar, was wir erreichen wollen:

Wir wollen erreichen, dass man uns folgt.

Dabei ist noch nichts über die Sinnhaftigkeit, die Anständigkeit oder die ethische Begründung des Verhaltens gesagt.

Eine der wesentlichen Schwierigkeiten beim Führungsverhalten wird dadurch deutlich: Schwierig wird es dann, wenn Menschen nicht bereit sind zu folgen. Schwierig kann es selbstverständlich auch dann werden, wenn Menschen bereit sind zu folgen aber die Richtung für die zu erreichenden Ziele falsch gewählt ist.

In den nachfolgenden Kapiteln werden Sie Verhaltensweisen, Methoden und Instrumente kennenlernen, die Sie in Ihrem Bemühen unterstützen, gemeinsam mit Mitarbeitern Ziele zu erreichen und Erfolge zu generieren und Sie werden erfahren, was Sie tun können, wenn Mitarbeiter nicht bereit sind Ihnen zu folgen.

Der Begriff der Vertikalität

Ein Beispiel:

Stellen Sie sich zunächst einmal folgende Situation vor: Sie sind als Bereichsleiterleiter unter anderem verantwortlich für das Budget des Bereichs. Vor einiger Zeit wurde beschlossen, neue Hardware anzuschaffen und diesen Wechsel auch gleich mit einem Upgrade der verwendeten Software zu versehen. Verantwortlich dafür war Ihr Teamleiter Herr Aden. Das Projekt der Umstellung ist am vergangenen Wochenende gelaufen. Herr Aden hat sich nun bei Ihnen angekündigt, um über das Vorgehen bei der Umstellung kurz Bericht zu erstatten. Da der Umgangston zwischen Ihnen kollegial-freundlich ist und Ihre Tür jederzeit für Ihre Mitarbeiter offen steht, ist es durchaus nicht ungewöhnlich, dass solche kurzen Gesprächssituationen unkompliziert vereinbart werden. Herr Aden sitzt Ihnen gegenüber und berichtet vom Umstellungsprozess am vergangenen Wochenende: „Es ist alles gut gelaufen, wir haben Sonntagabend sowohl die Server, als auch die Rechner aller Mitarbeiter umgestellt, und mit dem heutigen Montag sind alle Mitarbeiter arbeitsfähig. Es sind lediglich zwei kleinere Schwierigkeiten aufgetaucht. Einmal geht es um einen Scanner und ein anderes Mal um ein Treiber-Problem mit einem alten, aber nur noch selten genutzten Bandlaufwerk." Sie hören diese Aussagen mit Zufriedenheit und hätten nicht erwartet, dass der Prozess der Umstellung – immerhin 60 Desktop-Rechner, etwa genauso viele Laptops und drei Server – so problemlos von statten geht. Herr Aden fährt in seinen Ausführungen fort: „Wir waren richtig zufrieden, und die Arbeit ging reibungslos von der Hand. Man kann nun wirklich sagen, dass unsere Bereichs-IT wieder weitgehend auf einem aktuellen Stand ist. In diesem Rahmen möchte ich mich auch noch einmal im Namen der Gruppe bei Ihnen bedanken, dass Sie sich dafür eingesetzt haben, dass das Budget für diesen, für die erfolgreiche Arbeit des Bereichs notwendigen Zweck, freigegeben wurde. Wir haben nun sowohl hardwaremäßig, als auch auf dem aktuellen Betriebssystem eine Ausstattung, die den heutigen Anforderungen entspricht und sind damit auch im Rahmen des Gesamtunternehmens wieder in führender Stellung positioniert."

Sie hören diese Worte nicht ohne Stolz, denn natürlich gibt es immer einen leichten – wenn auch irrationalen – „Konkurrenzkampf" der einzelnen Bereiche um eine gute Positionierung im hausinternen Wettbewerb. Herr Aden fährt fort: „Da gibt es jedoch ein Thema, über das ich mit Ihnen reden wollte: Wir haben zwar jetzt neue Hardware und auch ein aktuelles Betriebssystem, arbeiten jedoch noch mit einer Office-Version, die dem aktuellen Stand nicht mehr entspricht. Hierzu wollte ich Ihnen – so haben wir es mit der Gruppe gestern besprochen – folgenden Vorschlag machen: Ich würde gerne eine Pilotierung vornehmen, indem wir drei der erfahreneren Benutzer einmal probehalber auf die aktuelle Version der Office-Software umstellen. Im Rahmen dieser Pilotierung könnten wir erkennen, ob es Schwierigkeiten mit den anderen, bei uns im Einsatz befindlichen Programmen gibt. Ich würde dafür Sorge tragen, dass keine negativen Auswirkungen zu befürchten sind und dass die einzelnen Testpersonen durchgehend arbeitsfähig sind. Die Ergebnisse dieser Pilotphase, die vielleicht drei bis vier Wochen dauert, würde ich Ihnen dann in einem kurzen Ergebnisbericht vorstellen. Außerdem würde ich Ihnen auch eine Aufstellung darüber anfertigen, was die Umstellung der Software kosten könnte."

An dieser Stelle werden Sie etwas misstrauisch, denn bisher hat Herr Aden noch keinen einzigen inhaltlichen Grund dafür genannt, warum man mit der alten Software nicht mehr auskommen könne. Sie wissen durchaus um Adens Vorliebe, sich immer mit den neuesten Arbeitsmitteln und Methoden zu umgeben und hinterfragen daher seinen Vorschlag. Die von ihm gebrachten Argumente müssen Sie jedoch als bedeutsam anerkennen. Zum einen hat der Hersteller der Software den Support für das eingesetzte Produkt aufgekündigt, zum anderen gibt es nicht unerhebliche Schwierigkeiten mit der Einführung und Nutzung der neuen hausinternen Collaboration-Software, da die „alte" Software nicht für diese moderne Form der Kommunikation konzipiert worden ist.

Herr Aden fährt also fort: „Ja, ist das damit in Ordnung Chef, kann ich so vorgehen wie vorgeschlagen? … Und ich melde mich dann in ca. drei Wochen mit einem kleinen Bericht und einer ersten Kostenschätzung zurück."

Wir verlassen diesen kleinen Führungs-Ausschnitt und versuchen folgende Frage zu beantworten: Wer hat jetzt geführt? Ganz unwillkürlich drängt sich Ihnen sicher auch der Eindruck auf, dass Herr Aden *geführt* hat. Er besaß eindeutig den besseren Überblick über die Situation. Er hat die Richtung bestimmt. Er hatte die besseren Argumente und eine Idee sowie eine Intention. Letztendlich mussten Sie zugestehen, dass der von ihm unterbreitete Vorschlag Sinn gemacht hat und insofern *folgten* Sie seinen Argumenten und seinem Vorschlag.

Aber Vorsicht: Herr Aden hat die Gesprächssituation gestaltet und auch eindeutig in die von ihm intendierte Richtung gelenkt. Er hat Sie intentional beeinflusst. Herr Aden hat sogar leicht manipulative Methoden angewendet: Er hat Sie dafür gelobt, dass Sie sich nachhaltig für die Umstellung und sein Team eingesetzt haben. Dennoch hat er letztendlich nicht geführt: In der beschriebenen Situation wäre es Herrn Aden nicht möglich gewesen, die zwischen Ihnen vorhandene Vertikalität aufzulösen.

Die Unterschiedlichkeit durch die hierarchische Unter- und Überordnung bleibt bestehen, obwohl Sie inhaltlich durchaus gefolgt sind und obwohl Ihr Mitarbeiter Sie intentional beeinflusst hat und Sie sich letztendlich seiner Argumentation angeschlossen haben und in die vorgeschlagene Richtung gegangen sind.

Sie hätten dennoch zu jeder Zeit die Freiheit gehabt, dieses kurze Führungsgespräch in eine andere Richtung zu lenken oder zu beenden. Auch wenn das möglicherweise für die Motivation von dem recht engagierten Mitarbeiter Aden nicht besonders sinnvoll gewesen wäre. Vielleicht auch deshalb haben Sie sich in dieser Situation dazu entschlossen, den Vorschlägen des Mitarbeiters zu folgen, was inhaltlich – so wie sich die Situation für Sie im Moment darstellt – durchaus Sinn macht. Sie hätten sich aber in jedem Moment anders entscheiden können, ohne dass der Mitarbeiter es hätte verhindern können. Über diesen Begriff der Vertikalität, also der auftretenden Machtdistanz zwischen Vorgesetzten und Mitarbeitern, wollen wir im nächsten Abschnitt nachdenken.

Das grow.up. Führungskulturmodell

Die erste Dimension: Niedrige vs. Hohe Vertikalität

Wie wir in dem vorangegangenen Beispiel gesehen haben, kann die Ausprägung der Machtdistanz zwischen Vorgesetzten und Mitarbeitern sehr unterschiedlich ausfallen. Einen kollegialen Stil, der durch eine hohe *Gleichheit* zwischen Vorgesetztem und Mitarbeiter gekennzeichnet ist, bezeichnen wir als *niedrige Vertikalität*. Der entgegengesetzte Stil zeichnet sich dadurch aus, dass die Machtdistanz zwischen Vorgesetztem und Mitarbeiter sehr groß ist. Diese Situationen bezeichnen wir als *hohe Vertikalität*.

Wir vertreten die These, dass es kein immer gültiges *gut* oder *richtig* beim Thema *Vertikalität* gibt. Führungssituationen können sowohl besser als auch schlechter gelingen bei hoher, aber auch bei niedriger Vertikalität. Häufig ist es sogar so, dass in ein- und derselben Führungsbeziehung die Vertikalität zwischen unterschiedlichen Situationen wechselt. Stellen Sie sich einen Feuerwehrhauptmann bei einem schwierigen Einsatz mit einem recht unerfahrenen Team und bei der anschließenden Lagebesprechung wieder zurück im Gerätehaus vor.

Die zweite Dimension: Prozessorientierung vs. Menschenorientierung

Man kann fast jede Führungssituation mit sehr unterschiedlichen Verhaltens- und Kommunikationsstilen bewerkstelligen. Das ist erst einmal eine Feststellung und keine Aussage darüber, ob es SINNVOLL ist diese oder jene Situation mit diesem oder jenem Führungsverhalten zu bewerkstelligen! Hier kommen noch viele weitere situationsspezifische Bedingungen ins Spiel.

Man kann in vielen Führungssituationen sehr menschenorientiert vorgehen, d. h. der Umgang in Führungssituationen ist durch ein hohes Maß an Anstand und Freiwilligkeit gekennzeichnet. Es wird auf Fragen eingegangen, Hintergrundinformationen werden weitergeben, für die eigene Sichtweise wird geworben, bei Schwierigkeiten wird geholfen und Rücksichtnahme ist ein Wert im eigenen Führungshandeln.

IBM hat das in einem seiner langjährigen Führungsleitsätze sehr schön formuliert: ***Achtung vor dem Einzelnen.***

Auf der anderen Seite ist es aber auch möglich, in vielen Führungssituationen die Prozessorientierung in den Vordergrund zu stellen. Hier steht stärker die Effizienzbetrachtung im Mittelpunkt. Hohe Effizienz bedeutet, dass im Verhältnis zu dem für die Führungsarbeit geleisteten Aufwand ein deutlicher und idealerweise auch nachhaltiger Effekt zu erkennen ist. Im konstruktiven Fall bedeutet das: Führung durch Ziele, Regeln, oder Deals. Dies kann z. B. Führung durch Prozesse, Standards oder Verträge beinhalten. Im schlechteren Falle kann das bedeuten: Führung durch Anordnung, Befehle oder Sanktionsandrohung. Wichtig ist: Effizienz heißt nicht Effektivität.

Effektivität sagt etwas darüber aus, ob das Verhalten langfristig, nachhaltig und letztendlich wirkungsvoll ist, jedoch nichts über die Relation zum geleisteten Aufwand. Hohe Effizienz bedeutet hingegen, dass man Mitarbeiter auch mit einfachen Methoden dazu bringen kann zu folgen, da sie nur in wenigen Situationen in der Lage sind, eine vorhandene Vertikalität zu reduzieren oder aufzulösen.

Aus diesem Koordinatensystem (siehe nachfolgende Abb. 1) mit den beiden Dimensionen *Verhaltens- und Kommunikationsstil* und *Vertikalität und Rechteabstand* ergeben sich nun vier sehr unterschiedliche Ausprägungen von Führungsverhalten und diese wollen wir nachfolgend intensiver kennen lernen.

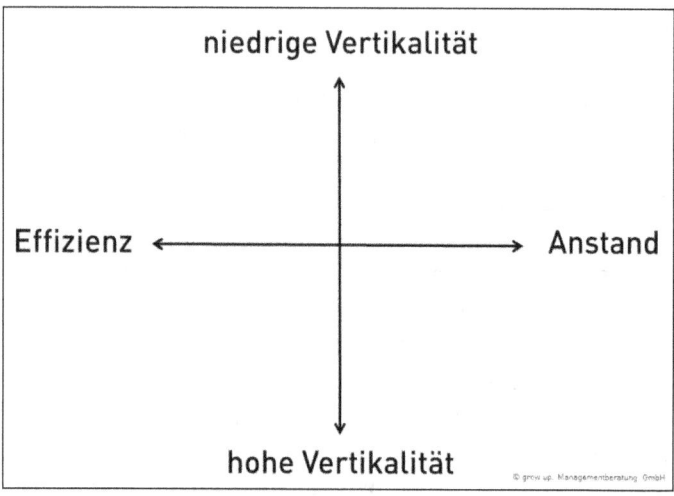

Abb. 1: Führungskulturmodell Achsen

Fast alle Unternehmen und Organisationen haben in unterschiedlichen Lokationen, Bereichen oder Abteilungen Führungskulturen mehrerer Quadranten. Die meisten Firmen und Organisationen sind derart arbeitsteilig organisiert, dass es auch Sinn macht, dass dort unterschiedliche Führungskulturen herrschen. Stellen Sie sich z. B. bei einem Reifenproduzenten die verschiedenen Welten zwischen Entwicklung und Produktion vor. Hier erfordern viele Parameter ein unterschiedliches Führungsverhalten.

Versuchen Sie bitte, bei der Beschreibung der unterschiedlichen Führungswelten nicht zu werten. Bitte lassen Sie nach Möglichkeit auch politische oder weltanschauliche Betrachtungen außer Acht. Es geht im Moment nicht darum, ob Sie die beschriebenen Welten mögen, gut finden oder dort führen und arbeiten wollen. Unser Ziel ist es, Ihnen unterschiedliche Führungswelten aufzuzeigen und besser verständlich zu machen.

Möglicherweise können Sie sich und Ihr Führungsverhalten überwiegend in einer oder zwei Situationen verorten. Vielleicht verändert sich aber die Führungswelt, in der Sie gerade arbeiten auch und bewegt sich von dem einen in einen anderen Quadranten. Schauen wir uns nun aber zunächst die einzelnen Quadranten und ihre Führungsverhalten an.

Die Galeere

Beginnen wir links unten in der Abb. 2, also mit dem *Führungsverhalten hohe Vertikalität und gleichzeitig hohe Prozessorientierung.* Hier taucht aus dem Schatten der Geschichte eine römische Galeere auf, denn die hier notwendigen Führungsbestandteile waren auch in diesem recht einfachen *Unternehmen* bereits wirksam. Es ist klar, dass solch ein Führungsverhalten nur unter bestimmten Bedingungen die gewünschte Wirksamkeit erreichen wird. Im Wesentlichen sind es drei Bedingungen: Ein *Taktgeber* wird gebraucht, ein *Motivator* und viel *Wasser*.

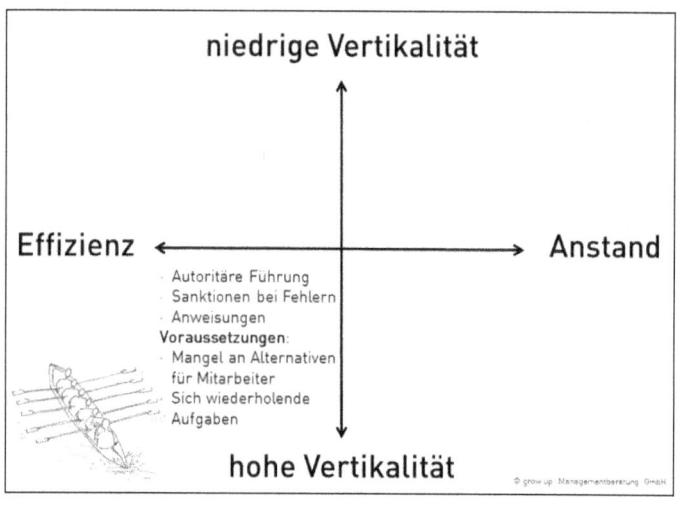

Abb. 2: Die Galeere

Der Taktgeber

Auf der Galeere besteht die Notwendigkeit, die einzelnen Ruderer in einen Gleichtakt zu bekommen, um gemeinschaftliche Bewegung möglich zu machen. Man verwendete dazu eine einfache Prozesshilfe, nämlich einen Trommler, der die Frequenz der Ruderschläge vorgab.

Auch in heutigen *Galeeren-Systemen* besteht eine hohe Notwendigkeit, Arbeitsabläufe in einen *Gleichtakt* zu bekommen. Denken Sie z. B. an die Systemgastronomie. Hier geht es darum, eine Vielzahl von gering qualifizierten oder angelernten Mitarbeitern in einem vorhersagbaren Prozessablauf arbeiten zu lassen. Sie können daher unmöglich mit jedem neuen Mitarbeiter ausdiskutieren, zu welchem Zeitpunkt die Pommes Frites aus der Fritteuse herausgenommen werden sollen. Sie finden Galeeren-Systeme aber auch in Call-Centern, im Discount-Einzelhandel oder auch in ganz modernen, digitalisierten Geschäftsmodellen, z. B. wenn das Privatfahrzeug als Taxiersatz eingesetzt werden soll oder als *Picker* beim Versandhändler.

In Galeeren-Modellen muss dafür gesorgt werden, dass das vorhandene System und die Arbeitsabläufe möglichst normiert und standardisiert sind.

In der heutigen Systemgastronomie findet sich natürlich keine Trommel mehr, sondern der Timer über der Fritteuse oder im Call-Center die dauernd aktualisierte Anzeige, wieviel Anrufe noch in der Warteschleife sind.

Nur durch den Einsatz des Taktgebers erreichen wir jedoch noch keine Bewegung, dazu ist eine weitere Führungsfunktion notwendig: Ein *Motivator*.

Der Motivator

Auf der Galeere bestand natürlich die Notwendigkeit, die Motivation der einzelnen Ruderer zu initiieren und aufrecht zu erhalten. In diesem einfachen Modell wählte man jemanden mit nachhaltiger *Motivationskraft*, im Allgemeinen ausgestattet mit einer Peitsche.

An dieser Stelle können wir uns gleich von zwei weit verbreiteten Business-Irrtümern befreien:

1. Motivation (ein im Allgemeinen positiv besetzter Begriff) funktioniert nicht nur in der Bewegung auf etwas hin, sondern genauso gut in der Bewegung von etwas weg. Das war die Motivationsleistung, die der Mensch mit der Peitsche entfaltete, denn die einzelnen Ruderer hatten durchaus das Bedürfnis, möglichst wenig Bekanntschaft mit der Peitsche zu machen.

2. Der zweite, weit verbreitete Irrtum ist, dass wir im Unternehmen wenige unternehmerisch denkende Mitarbeiter haben. Das stimmt keineswegs, wie wir in diesem Beispiel bereits sehen können. Jeder der einzelnen Ruderer machte an jedem Morgen einen kurzen betriebswirtschaftlichen Abgleich: Er fragte sich nämlich, was hier mehr oder weniger individuellen Nutzen hat. Das Ergebnis der unternehmerischen Entscheidung war im Normalfall die Verhaltensweise Rudern, schlicht und ergreifend, weil sie mit geringeren eigenen Kosten verbunden war.

Wichtig ist zu betrachten, dass auch moderne Mitarbeiter vielfach bei Nutzen und Kosten nicht nur im Sinne des Gesamtunternehmens denken, sondern im Sinne ihres *Einzel-Unternehmens*, d. h. für sich selbst versuchen den individuellen Profit zu maximieren und Verluste zu minimieren.

Die *Motivator-Funktion* brauchen wir in allen Formen betrieblicher Systeme, wo monotone und repetitive Arbeitsabläufe stumpf auszuführen sind. Denn in diesen Systemen kommt die Freude an der Tätigkeit häufig nicht durch die

Tätigkeit selbst. Durch die schnelle Wiederholung immer gleicher oder ähnlicher Arbeitsabläufe wird sie eher als ermüdend und langweilig empfunden.

Natürlich gibt es auch den Anreiz steigernde, *positiv* wirkende Motivationssysteme, wie etwa Akkordlohnsysteme in der Produktion. Die Galeeren-Prinzipien sind auch heute noch wirksam und manchmal möglicherweise sogar notwendig, je nachdem was in dem speziellen Unternehmen erreicht werden soll.

Eine dritte, wesentliche Bedingung ist noch zusätzlich zu erfüllen, damit der Galeeren-Betrieb langfristig funktionieren kann. Diese Bedingung ist:

Bedingung: *Wasser*

Das *Wasser* ist natürlich zum einen notwendig, damit das Schiff überhaupt schwimmt, aber noch viel wichtiger, damit die einzelnen Mitarbeiter nicht auf die Idee kommen, die Galeere schnell wieder zu verlassen. Insofern ist hier *Wasser* das Bild für die geringe Verfügbarkeit von Alternativen.

Eine langfristige Galeeren-Konstellation ist nur aufbau- und haltbar, wenn Mitarbeiter nicht so leicht *Lebewohl* sagen können und wenn Sie dem Mitarbeiter aber jederzeit sagen können: „Schau, wenn es Dir nicht gefällt, dann geh doch woanders hin", weil Sie nämlich genügend Alternativen haben. Es heißt, dass Sie genug Nachwuchs oder Nachschub an leicht einzuarbeitenden oder passend ausgebildeten Kräften generieren können und nicht in Engpass-Situationen oder Abhängigkeitssituationen geraten.

Dies ist zum Beispiel einer der Gründe, warum Unternehmen, die monotone und repetitive Inhalte als Aufgabe haben und ein Galeeren-Betriebssystem fahren, sich bevorzugt in ökonomisch strukturschwachen Randgebieten, wie z. B. mit einem Call-Center in Mecklenburg-Vorpommern ansiedeln und nicht in der Frankfurter Innenstadt. Denn dort ist die Verfügbarkeit von Alternativen für Mitarbeiter deutlich größer. In Frankfurt hingegen würde die Überlegung des einzelnen Mitarbeiters, ob es in anderen Jobs vielleicht abwechslungsreicher oder interessanter zuginge, zu leicht stattfinden. Eine hohe Fluktuation wäre die Folge.

Ein ehemaliger Mitarbeiter hat eine Zeit lang für AOL Call-Center überall auf der Welt aufgebaut. Er berichtete mir vor Jahren, dass er gerade in Bangalore ein Call-Center aufbaue. Drei Jahre später traf ich ihn wieder und fragte ihn, wie es denn in Indien liefe. Er meinte nur trocken: „Bangalore? Geht gar nicht mehr: Zu teuer. Jetzt geht's nach Marrakesch". Die Geschwindigkeit, mit der diese Projekte heutzutage aus dem Boden gestampft (und wieder eingestampft) werden, ist bewundernswert und erschreckend.

Das bevorzugte Arbeitsmodell dieses Betriebssystems ist die hoch zergliederte, arbeitsteilige Produktion. Die hat in diesem Quadranten viele Vorteile: Die Qualitätsgewinne durch dauernde Prozessoptimierung sind enorm. Durch die Zerlegung in tausende kleine Schritte sind letztendlich auch sehr komplexe Produkte, wie etwa Premium-Autos oder iPads herstellbar.

In diesem Modell kann, dank der stabilen und reduzierten Arbeitsabläufe, auch mit angelernten Menschen gearbeitet werden. Der Skalierbarkeitsgrad und die Effizienz, die in dieser Form von Arbeit erbracht werden können, sind sehr hoch.

Leider gibt es auch die nachteiligen Folgen dieses Arbeitsmodells. Viele Menschen sind extrem weit weg vom Kerngeschäft. Der Anteil praxisferner *grüner Tisch*-Entscheidungen ist hoch. Oft genug stehen Einsparungs- oder Shareholder Value Gesichtspunkte über Kundenzufriedenheit, Dauerhaftigkeit, Nachhaltigkeit und Kundennutzen. *Dieselgates* passieren in diesen Welten.

Wir halten fest:

Das Galeeren-Modell als effizientes Führungsmodell braucht einfache, robuste Verfahren, Prozesse und Abläufe und leicht verstehbare Motivationsmodelle: „Guten Morgen die Herren, ich habe eine gute und eine schlechte Nachricht. Zuerst die gute Nachricht: Am Ende des Tages gibt es Rum für alle. Nun die schlechte Nachricht: Der Kapitän möchte heute Wasserski fahren."

Der Bergführer

Der zweite Quadrant rechts unten in der Abb. 3 ist gekennzeichnet durch Führung mit hoher Vertikalität bei gleichzeitig hoher Menschenorientierung. Das hier auftauchende Bild ist das des Führungsverhaltens des Bergführers. Die Bereitschaft zu folgen kommt im Wesentlichen aus der Akzeptanz und Bewunderung seiner bisher erbrachten Leistungen. In diesem Modell finden sich häufig Unternehmen, die zum richtigen Zeitpunkt zukünftig gefragte Produkte oder Dienstleistungen entwickelt und angeboten haben und damit gewachsen und erfolgreich geworden sind.

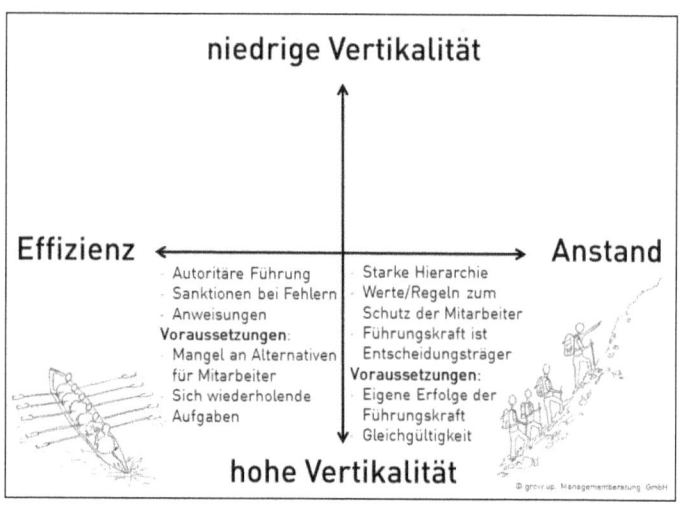

Abb. 3 : Der Bergführer

Fast alle Unternehmen, die heute groß sind, hatten in ihrer Geschichte einen solchen Bergführer: Es gab einen Herrn Krupp, einen Herrn Stinnes, einen Herrn Benz und einen Herrn Porsche. Menschen, die unzweifelhaft Großes geleistet haben und denen man folgte, waren eine wesentliche

Voraussetzung für das Wachstum jener Unternehmen. Viele heutige Konzerne entstammen ihrer Vergangenheit nach im Kern vielfach dem patriarchalischen Modell.

In vielen mittelständischen Unternehmen gibt es auch heute noch die Figur, auf die wesentliche (Erfolgs-) Entscheidungen der Vergangenheit zurückzuführen sind. Es gab einen Hans Riedel in Bonn (HARIBO®) und es gibt einen Herrn (bzw. eine ganze Familie) Ferrero®. Es gab einen Herrn Fischer (Fischer Dübel®, Fischer Technik®) und einen Herrn Brandt (Zwieback), eine Herrn Würth (Industriebedarf) und eine Familie Kauf (Gipsprodukte), einen Herrn Mohn (Bertelsmann) und, und, und.

Im Bergführer-Modell findet sich im Ursprung überwiegend ein Führungsstil der versucht, Menschen anständig zu behandeln. Was übrigens nicht heißen soll, dass jeder Bergführer auch in seinem persönlichen Führungsverhalten anständig war oder ist. Ein Teil davon waren ziemlich grantige und nicht nur gegen Andere, sondern vor allem auch gegen sich selbst sehr harte Menschen.

In diesem Modell werden Menschen aber nicht ausgenutzt oder schlecht behandelt. Die Qualität der Beziehung hat einen Wert an sich. Das liegt einerseits sicher daran, dass die Treue und Loyalität von Mitarbeitern zu der ja im Beginn noch fragilen Unternehmung für den Unternehmer einen hohen Wert hat, andererseits auch daran, dass der Mitarbeiter sich auf die Dauerhaftigkeit des angebotenen *Deals* (Sicherheit gegen Treue) verlassen kann. Wie sich das ursprüngliche Bergführer-Modell im Laufe der Zeit entwickelt, ist von vielen Bedingungen abhängig:

Die Menschenorientierung im Bergführer-Modell muss nicht auf Dauer angelegt sein. Manchmal ist sie nur mit der Figur des Bergführers bzw. des Patriarchen verbunden und schon in der nächsten Phase der Unternehmensentwicklung driftet das Unternehmen in Richtung Kuschelecke oder in Richtung Galeere.

Von außen stellt sich ab und an folgende Entwicklung dar: Die erste Generation baut es auf, die zweite verwaltet es und die dritte Generation studiert Kunstgeschichte, weil sie gar kein Interesse hat an dem mühevollen Beruf des Unternehmers. Nicht immer gelingt es, das Modell über die Zeiten hin zu entwickeln. Mal findet sich kein geeigneter Nachfolger, mal sind die Erben zerstritten.

In diesem Modell sind, soll es funktionieren, wiederum drei wesentliche Bedingungen zu erfüllen. Zuerst einmal brauchen Sie:

Den Bergführer

Das ist nicht trivial, denn zu einem Bergführer gehört nicht nur das umfassende inhaltliche Wissen, sondern gleichzeitig eine konsistente Führungsart, eine visionäre Kraft sowie die Tatsache, dass die Fähigkeiten in der Vergangenheit unzweifelhaft unter Beweis gestellt wurden, indem Großes geleistet wurde.

Patriarch wird man also nicht vorrangig durch Erbschaft (das kann auch ein Element sein), sondern durch die eigenen großen Erfolge. Positive Beispiele sind etwa, wenn in der zweiten Generation auf der Basis der Aufbaujahre die Organisation einen richtigen Wachstumsschub erlebt hat, weil jemand oder eine Gruppe von Bergführern viele Dinge richtig gemacht hat.

Übrigens sind viele der gerühmten Erfolge von Leuchtturm-

Bergführern durchaus Team-Erfolge, wenn man genauer hinsieht. Die Frau von Karl Benz hat sein erstes Fahrzeug durch eine mutige Fahrt von Mannheim nach Pforzheim bekannt gemacht und die Frau von Herrn Märklin zog über die Messen in Süddeutschland und der Schweiz, um die Puppenküchen für Mädchen zu verkaufen.

Natürlich können sich auch Bergführer irren, falsche Wege einschlagen, notwendige Entwicklungen versäumen oder zu lange an Bewährtem festhalten. Unternehmen wie Schlecker (Drogeriemärkte) oder Sony (Hifi) bringen beeindruckende Belege, dass es gar nicht so einfach ist, immer wieder die richtigen Wege zu finden und dass man sich nicht darauf verlassen kann, dass der erfahrene Patriarch immer weiß, wo es lang geht.

Alte Männer haben auch den Untergang vieler Nationen und Kulturen bewirkt. Insbesondere wenn sich die Umwelt (Kundenverhalten, Wettbewerberverhalten) so stark verändert, dass die Erfolgsfaktoren früherer Zeit verloren gehen oder sogar ins Gegenteil verkehren, braucht es Menschen, die erkennen, dass Erfahrung auch in die Irre leiten kann und Umstellfähigkeit, Flexibilität und Risikobereitschaft gefragt ist.

Die zweite Bedingung im patriarchalischen Führungsmodell ist die Existenz und das Vorhandensein von:

Regeln und Werte

Es gibt in jedem dieser Führungssysteme ein (aufgeschriebenes oder nur implizit vorhandenes) Set von Regeln und Werten. Häufig sind sie nicht schriftlich fixiert, sondern werden über Geschichten, Mythen und Sagen transportiert.

So gibt es z. B. einen Bericht über den Inhaber der Firma Brandt (Zwieback). Als er sein Unternehmen nach der Rückkehr aus dem Krieg völlig zerbombt vorfand, mauerte er die erste Zeit gemeinsam mit noch verbliebenen und zurückkehrenden Mitarbeitern die Werkshallen wieder auf, so dass produziert werden konnte. Noch Jahre später – er war längst Multi-Millionär – antwortete er auf die Frage eines Zeitungsreporters, warum er denn immer (noch) Opel fahren würde: „Mercedes? Ist was für reiche Leute".

Aber auch Einstellungen und Verhaltensregeln wurden und werden mit überlieferten Anekdoten geprägt. Robert Bosch soll mal beim Aufheben einer Büroklammer gerufen haben: „Hier liegt mein Geld auf dem Boden herum".

Dieser Regel- und Wertekanon thematisiert häufig den Kontrakt, der zwischen dem Unternehmen und seinen Mitarbeitern besteht. Dieser Kontrakt ist – im Gegensatz zu vielen der modernen Konzerne heute – fast immer durch Langfristigkeit und gegenseitige Verbundenheit gekennzeichnet. So ist meist einer der wesentlichen Bestandteile dieser Kontrakte das Angebot von *Sicherheit*, gewährt durch das Unternehmen als Gegenleistung für Loyalität und Treue auf Seiten des Mitarbeiters. Selbst in aktuellen Bergführer-Kulturen finden Sie Aussagen wie: „Es ist in unserem Unternehmen noch nie jemand entlassen worden" oder „Selbstverständlich hat jedes Kind eines jeden Mitarbeiters hier einen festen Arbeitsplatz" als wesentlichen Bestandteil des Regel- und Wertesystems. Dieses System muss gar nicht mal ausgefeilt sein, wie man an einer weiteren Anekdote gut erkennen kann: Für das Regelsystem des Unternehmens Borgward (ein ehemaliger Automobilhersteller in Bremen) reichten zwei wesentliche Regeln, um das Unternehmen zu führen. Die erste Regel lautete: „Das wird Herrn Dr. Borgward aber gar nicht gut gefallen" und die zweite Regel lautete:

„Das wird Herrn Dr. Borgward aber sehr freuen". Im Falle Borgward (der wohl ein wenig zur Launenhaftigkeit neigte) ging das so weit, dass (glaubt man den Erzählungen) er an Tagen, an denen er schlecht gelaunt war, in seinem Auto auf dem Parkplatz sitzen blieb, die Heckscheibe herunterkurbelte und seine Führungskräfte bat, ihm in dieser Position zu rapportieren. Tauchte in deren Berichten etwas auf, mit dem er unzufrieden war und das seine Laune noch verschlechterte, so ließ er seinen Fahrer *Gas geben*. Das generierte ein sehr merkwürdiges Bild von Führungskräften, die sich bemühten mit dem rollenden Wagen Schritt zu halten.

Wir erkennen, dass – wenn es gut gestaltet wird – ein Bergführer-Betriebssystem durchaus robust ist und gut funktionieren kann. Eine dritte Bedingung ist noch zu erfüllen, nämlich eine:

Langsame bis mittlere Veränderungsgeschwindigkeit der Umwelt und geringe bis mittlere Veränderungsbereitschaft der Mitarbeiter

Das System setzt auf Kontinuität. Es ist meist vorsichtig in der Investitionsbereitschaft in neue Themen, Technologien und Verfahren. Das ist auch nachvollziehbar, schließlich gehört das Geld häufig noch jemandem, der darauf achten muss, dass es sinnvoll investiert und mit recht hoher Sicherheit einen Mehrwert bringen wird. Das kann im negativen Fall dazu führen, dass zu spät, zu langsam oder zu zögerlich in neue Verfahren oder Methoden investiert wird. Hilfreich ist aber in jedem Fall eine tendenziell geringe Veränderungsbereitschaft der Mitarbeiter, um die manchmal doch hohe Vertikalität zu ertragen und mit dem – für sich selbst – wahrgenommenen Überwiegen der Vorteile zu rechtfertigen. Unterstützend wirken dabei natürlich Elemente, die die Abhängigkeit des Einzelnen noch verstärken. Das kann (wie im

Galeeren-Modell) das Vorhandensein von viel Wasser (d. h. die geringe Verfügbarkeit von Alternativen) sein, es kann aber auch die Bereitschaft dafür sein, nicht nur einzelne Personen, sondern sogar ganze Familienverbände zu beschäftigen („Mein Opa und mein Vater haben auch schon bei der Firma geschafft"). Auch das erhöht natürlich wiederum die Bereitschaft des Einzelnen, sich dauerhaft zu binden.

Wir kennen z. B. Firmen-Patriarchen, die Menschen völlig überhöhte Abfindungen zahlen, wenn eine Trennung unvermeidlich geworden ist. Die Gegenleistung für die Jahre des gemeinsamen Weges ist es dann, de facto ausgesorgt zu haben.

Das bevorzugte Arbeitsmodell dieses Betriebssystem ist die mittelständisch organisierte, spezialisierte Produktions-, Handels- und Dienstleistungsorganisation. Das Betriebssystem hat in diesem Quadranten viele Vorteile: Die Bindung an das Unternehmen und die Arbeitsethik der Manager, Führungskräfte und Mitarbeiter ist so hoch, dass aus der Organisation selbst heraus viel für Kundenzufriedenheit, Qualität und Service getan wird.

Da ein Großteil der Organisationen mit diesem Betriebssystem noch überschaubar ist, ist für viele Mitarbeiter noch erkennbar, dass das Bemühen um Kundenbindung und Qualität, um Innovation und Flexibilität für das Überleben der Organisation von entscheidender Bedeutung sind. Eine Vorbildfunktion der Inhaber und Führungskräfte ist noch sichtbar.

In diesem Modell wird meist mit qualifizierteren Menschen gearbeitet, als es im Galeeren-Modell der Fall ist. Zum einen sind die Prozesse und Abläufe nicht so standardisiert und zergliedert, da noch häufig hochspezialisierte Produkte gebaut oder gewartet, verbaut oder integriert werden. Zum anderen sind kompetente Kräfte und Spezialisten für den Geschäftserfolg wichtig und können nicht in den Mengen gefunden werden, wie es für das Unternehmen wichtig wäre, d. h. man bemüht sich darum, die guten Leute zu halten.

Wir halten fest:

Das Bergführer-Modell – als weit verbreitetes Führungsmodell – hat eine große Erscheinungsvielfalt und findet sich häufig in mittelständisch geprägten Produktions- und Dienstleistungswelten.

Die Kuschelecke

Im Quadranten rechts oben in der Abb. 4, der durch eine Führung mit geringer Vertikalität und hoher Menschenorientierung gekennzeichnet ist, befindet sich die *Kuschelecke*.

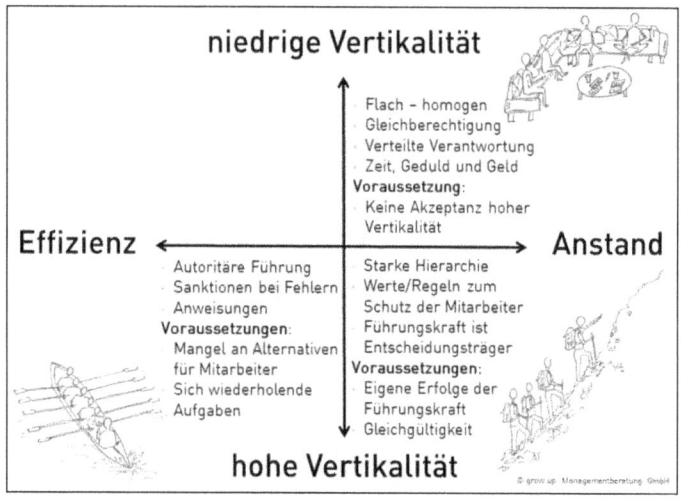

niedrige Vertikalität

Flach – homogen
Gleichberechtigung
Verteilte Verantwortung
Zeit, Geduld und Geld
Voraussetzung:
Keine Akzeptanz hoher
Vertikalität

Effizienz ← → **Anstand**

Autoritäre Führung
Sanktionen bei Fehlern
Anweisungen
Voraussetzungen:
Mangel an Alternativen
für Mitarbeiter
Sich wiederholende
Aufgaben

Starke Hierarchie
Werte/Regeln zum
Schutz der Mitarbeiter
Führungskraft ist
Entscheidungsträger
Voraussetzungen:
Eigene Erfolge der
Führungskraft
Gleichgültigkeit

hohe Vertikalität

© grovi up Managementberatung GmbH

Abb. 4 : Die Kuschelecke

Diese Führungskultur findet sich häufig bei jungen, sich noch stark entwickelnden Unternehmen. Sie ist dort notwendig, weil die Mitarbeiter (zu) hohe Vertikalität nicht akzeptieren würden. Sie findet sich z. B. bei Start-up-Unternehmen und war auch für viele Unternehmen der New-Economy um die Jahrtausendwende kennzeichnend. Häufig haben sich Führungskräfte aus dem gemeinsamen Kreis der Mitarbeiter herausentwickelt, so dass es eine gemeinsame Historie gibt und die Mitarbeiter durchaus wissen, was ihre Führungskraft zu leisten im Stande ist und was nicht. Aufgrund dieses Bewusstseins der Fehlbarkeit, agieren die Führungskräfte häufig vorsichtig und gewähren lassend. Der Erfahrungs- und

Kompetenzunterschied zwischen den Vorgesetzten und Mitarbeitern ist nicht ausreichend groß, als dass eine höhere Vertikalität akzeptiert werden würde.

Um Karrieremöglichkeiten zu schaffen, werden in der Kuschelecke mehr Führungsrollen als üblich und nötig geschaffen. Wir haben mehr als einmal Unternehmen mit 70 bis 100 Mitarbeitern beraten, die eine Gruppe von 20 bis 30 Führungskräften hatten. Eine solche, sehr flache Hierarchie kann Vorteile haben, kann die weitere Entwicklung des Unternehmens aber auch lähmen, weil nach wie vor alle so einbezogen und beteiligt werden wollen, wie in den Gründungsjahren des Unternehmens.

Hierzu möchten wir eine Anekdote mit Ihnen teilen: Als wir anfingen, für das Unternehmen, von dem wir berichten möchten, zu arbeiten, hatte es eine Größe von 175 Mitarbeitern. Eines Tages brachte mal jemand Äpfel von einem nahegelegenen Hof mit. Das fand großen Anklang in der Belegschaft, so dass die inzwischen 300 Mitarbeiter reihum Obst mitbrachten. Das Unternehmen wuchs und wurde so groß, dass eine Mitarbeiterin beschäftigt werden musste, um den Nachschub der Vitamine sicherzustellen. Als das Unternehmen eine Größe von 750 Mitarbeitern erreichte, entschied sich der Finanzvorstand für eine Outsourcing-Variante und bescherte dem örtlichen Obst- und Gemüsehändler seine besten Jahre. Als wir Bilanz zogen, waren zwei Vollzeitkräfte damit beschäftigt, die Vor- und Rückflusslogistik der outgesourcten Dienstleistung zu überwachen und zu koordinieren. Da dies nicht der einzige kostenintensive und ineffiziente Prozess war, ging es ab einer Größe von 1250 Mitarbeitern stark bergab. Das Unternehmen hatte sich schneller an Komfort und Ausstattung gewöhnt, als es kundenfinanzierte Leistungen entwickeln konnte.

Noch viel verbreiteter ist dieses Modell aber in Unternehmen, denen es über lange Jahre wirtschaftlich gut geht, ohne dass es diese Profitabilität dauerhaft in einem wirklichen Wettbewerb erarbeiten muss (z. B. Versorger, staatliche Eisenbahnen oder Fluglinien, Stadtwerke, Universitätskliniken, Wohnungsbauvereine). Seine weiteste Verbreitung findet die Kuschelecke in Einrichtungen der öffentlichen Hand oder Einrichtungen, die diesen angegliedert sind. Hier finden sich viele staatliche und überstaatliche Organisationen, Universitäten, Mittelbehörden, Vereine, die eine öffentliche Funktion wahrnehmen.

Um dieses Modell erfolgreich zu gestalten, sind wiederum mehrere Bedingungen erforderlich. Die erste Bedingung lautet:

Ein *profitables* Produkt

Die Notwendigkeit, profitable Produkte zu haben, liegt darin begründet, dass in diesem Betriebssystem recht viel Energie für Trial-and-Error-Prozesse, für Selbstverwaltung, für die Kompensation der durch Reibungsverluste hervorgerufenen Ineffizienz und für Abstimmungs- und Meinungsbildungsprozesse gebraucht wird. Das ist vorteilhaft, wenn die Gesprächs- und Koordinationsrunden dazu führen, dass mit mehr Klarheit in eine gemeinsame Richtung gearbeitet wird. Es ist nicht sinnvoll, wenn im Nachgang kein Commitment dahingehend realisierbar ist, sich an die aufwendig abgestimmten Vorgehensweisen zu halten.

Es ist nicht verwunderlich, dass Organisationen, denen es lange gut geht, dazu tendieren, schöne, aufwendige und z. T. leider auch sehr bürokratische Lösungen für ihre Problemstellungen zu generieren. Dass sich dann in solchen Kulturen detailorientierte Mitarbeitertypologien wohlfühlen, die damit leben können, dass eine pragmatische Handlungsorientierung eher nicht *gewünscht* ist, ist verständlich.

Noch vorteilhafter lebt es sich für die Beteiligten mit diesem Betriebssystem, wenn die Profitabilität nicht nachgewiesen werden muss. Das ist z. B. bei Non-Profit Organisationen der Fall, die durch die Umverteilung von Gebühren, Steuern oder von Spendengeldern alimentiert werden. Der Anteil der Beschäftigung mit sich selbst beträgt hier meist einen erstaunlich hohen Prozentsatz. Für Berater ist es immer wieder bemerkenswert, wie stark Organisationen mit diesem Betriebssystem dazu tendieren *selbstvergessen* zu werden. Der Zweck der Organisation gerät schnell aus dem Blickfeld, die Organisation beschäftigt sich gerne mit aktuellen oder exotischen *Leuchtturmprojekten* mit guter Sichtbarkeit, während Kernprozesse schlecht oder gar nicht laufen und ist sich selbst genug.

Die nächste Bedingung, die erfüllt werden muss, ist:

Zeit und Geduld

Sie brauchen als Führungskraft sehr viel Zeit und Geduld. Veränderungen dauern überdurchschnittlich lange, beherztes Anpacken von Vorhaben stößt nicht immer auf Gegenliebe und löst schnell Sorgen und Widerstände aus. Sie müssen sich in der Rolle der Führungskraft oft und viele Bedenken anhören. Die viele Zeit ist u. a. erforderlich, um die Meinungsbildungs- und Orientierungsprozesse zur Zufriedenheit all derjenigen zu bewerkstelligen, die gerne beteiligt werden möchten. Der Wunsch vieler Mitarbeiter, umfassend mit einbezogen zu sein, wird natürlich mit zunehmender Größe der Organisation schwieriger zu erfüllen. Im Extremfall erinnern diese Unternehmen an den Witz mit dem *ostfriesischen* Bus: 1 m lang und 30 m breit, weil alle neben dem Fahrer sitzen wollen. Jeder will bei aufkommenden Fragen mitdiskutieren und gefragt werden.

Vor dem Hintergrund, dass eine der Prämissen in diesem Betriebssystem ist, dass von Führungskräften und Mitarbeitern Leistung nur erwartet werden kann, wenn *Zufriedenheit* da ist, werden viele Anstrengungen unternommen, die Verhältnisse so zu gestalten, dass eben jene Zufriedenheit auch eintreten kann. Wir wurden von der Geschäftsführung einer gut laufenden Klinik gebeten, die seit Jahren konstant hohe Unzufriedenheit in der Pflege-Belegschaft zu untersuchen. Man habe doch alles gemacht, was sich die Pflege gewünscht habe. Es sei der Hol- und Bringdienst professionalisiert worden, damit die schweren Betten nicht mehr durchs Haus gefahren werden mussten. Es seien auf jeder Station Arzthelferinnen als administrative Kräfte eingestellt worden. Die Entscheidung, die Stationsdamen abzuschaffen, sei wieder revidiert worden usw. Bei der Analyse kam im Wesentlichen heraus: Die von den Pflegekräften gewünschten und gut gedachten Erleichterungen hatten unter dem Strich mehr Frustration als Motivation erzeugt. „Wir kommen jetzt nie mehr von der Station runter", „Wir kriegen aus dem Haus gar nichts mehr mit" und „Andauernd müssen wir Kolleginnen und Kollegen, die nicht aus dem Krankenhaus kommen, erklären, wie der Betrieb hier funktioniert" waren nur einige der Kommentare.

Die Führungskultur *Niedrige Vertikalität bei hoher Menschenorientierung* tendiert häufig dazu, Menschen, die nicht oder nicht mehr die gewünschte Leistung erbringen, trotzdem in der Organisation zu belassen. Nun ist zweifelsohne eine Rücksichtnahme auf gesundheitlich eingeschränkte Mitarbeiterinnen und Mitarbeiter wichtig und notwendig. Recht häufig spielen aber motivationale Gründe die gewichtigere Rolle. Menschen fühlen sich übergangen, nicht wertgeschätzt, zu wenig einbezogen und geraten dann im Laufe ihrer Betriebszugehörigkeit in einen Zustand der inneren Kündigung. Belässt man diesen Zustand unbehandelt, entwickelt sich eine *ansteckende* Epidemie. Die anderen Mitarbeiter in der Organisation lernen, dass man, auch ohne Leistung zu erbringen, halbwegs auskömmlich leben kann. Das senkt schlussendlich die Leistungsbereitschaft derjenigen, die gerne etwas leisten und bewegen würden. Organisationen mit diesen Führungskulturen tolerieren Missstände oft sehr lange, appellieren immer wieder an die Einsicht und den Wertekodex von Menschen und hoffen darauf, dass sich die Verhältnisse (irgendwie) wieder bessern. Begründet werden die Missstände meist mit mangelnden Ressourcen. Die Lösung ist daher in den Augen dort arbeitender Menschen auch meist einfach: Es müssten mehr Menschen eingestellt werden, dann könne man die Leistung auch problemlos erbringen.

Leider ist es meist nicht so, dass Mitarbeiter solcher Organisationen erkennen können, dass nicht zu wenig dort arbeiten (natürlich kommt auch das vor), sondern dass meist die Motivation der Angestellten, die Führung sowie die Prozessabläufe problematisch sind. Häufig gibt es keine Kultur der Analyse oder Prüfung, wie lange oder warum etwas wie lange dauert. Wenn doch einmal genauer hingeschaut wird, wird das schnell als *Misstrauen* verstanden. Die Einsicht, dass sich viele Prozesse und Abläufe im Laufe der Jahre unkontrolliert entwickelt haben und immer ineffizienter wurden, ist in solchen Kulturen nur schwer vermittelbar. Prozessverschlankungen sind kaum durchzusetzen, weil Mitarbeiter dann schnell das Gefühl bekommen, nicht mehr *wichtig* zu sein, wenn sie nicht beteiligt werden.

Vor dem Hintergrund der Toleranz geringer Leistungen und der hohen Schwierigkeit, Veränderungen herbeizuführen, tendieren diese Organisationen oft dazu, ihr Glück im Outsourcing zu suchen. Häufig klappt das mehr schlecht als recht. Das liegt einerseits daran, dass die beteiligten Führungskräfte in solchen Themen oft eher unerfahren sind und die Erwartungen, bei gleichzeitig geringer Bezahlbereitschaft, überzogen sind. Oft wollen auch interne Mitarbeiter der Organisation bei der Steuerung nicht loslassen und so hat man zwar die unangenehmeren oder lästigeren Teile der zu erbringenden Leistung ausgelagert, beschäftigt jedoch häufig weiter einen Wasserkopf an internen *Steuerern*. Viele interne *Dienstleistungs*-Strukturen größerer Unternehmen erbringen Einkaufs-, Steuerungs- und Briefing-Dienstleistungen für die internen Kunden. Der Kern der Dienstleistung wird aber nach wie vor von externen Beratern und Dienstleistern erbracht.

Interessanterweise entwickeln Kulturen mit dem Betriebssystem *Niedrige Vertikalität bei hoher Menschenorientierung* oft einige *Falschheiten*. Weil Menschen sich (z. B. mit Hilfe der Personalvertretung) sehr gut vor zu klarem Feedback über die eigene Performance und Leistung schützen und auch verteidigen können, müssen andere Mechanismen entwickelt werden, um Menschen aus dem Spiel zu nehmen oder unwirksamer zu machen, ohne ihnen zu sagen wo es in der Zusammenarbeit hakt. Diese intransparenten Verhaltensweisen stehen häufig im krassen Widerspruch zu Leitbildern oder Führungs-Guidelines. Damit wenigstens einige Themen, die für die Organisation von hoher Bedeutung sind, relativ reibungsfrei (und ohne die Beteiligung vieler Menschen) laufen, werden u. a. *Black Boxen* gebildet. Das sind kleine, intime Zirkel aus nur wenigen Personen, die z. B. über Versetzungen oder Beförderungen entscheiden.

Führungssysteme, die auf schnelle Entscheidungen angewiesen sind, können sich im Normalfall keine durchgängig niedrige Vertikalität leisten. In Situationen, in denen schnelle Entscheidungen gebraucht werden, ist der hohe Aufwand, den dieses Betriebssystem für Abstimmungs- und Meinungsbildungsprozesse braucht, stellenweise eher hinderlich und/oder sogar kritisch für den Erfolg.

Stabilität der Umwelt

Das Betriebssystem *Niedrige Vertikalität bei hoher Menschenorientierung* kann in einer stabilen Umwelt sehr lange problemlos funktionieren. Viele Organisationen in diesem Quadranten verlieren jedoch im Laufe der Zeit die Fähigkeit, sich im Wettbewerb aktiv zu verhalten, sich kontinuierlich zu erneuern und Prozesse und Abläufe so zu etablieren oder zu verändern, dass sie kundenorientiert, effektiv und sinnvoll funktionieren. Häufig ist die Fähigkeit, Innovationen zu schaffen oder Neuerungen am Markt zu positionieren, reduziert oder verloren gegangen. Dieses Betriebssystem ist bei gravierenderen Veränderungen der Umwelt nur schwer in der Lage, sich anzupassen. Es hat meist keine Mittel, um Bereiche, Abteilungen, Gruppen und den Einzelnen dazu zu bringen, Teile der Selbstbestimmung zurück zu stellen und sie gleichfalls dazu zu bringen, trotzdem konstruktiv und erfolgreich zu tun, was gerade gebraucht oder von der Rolle verlangt wird.

Interessanterweise sind diese Organisationstypen häufig *sehend-blind*. Da ein recht großer Teil der Führungskräfte und Mitarbeiter oft gut qualifiziert sind und auch meist mehr Zeit haben als in Organisationen, die ihr Überleben durch kontinuierliche Erfolge am Markt erarbeiten müssen, ist häufig eine recht zutreffende Analyse der Organisation und der Situation in der Organisation selbst vorhanden. Aus den oben genannten Gründen kommt es aber nur selten zur Ableitung und Umsetzung von Maßnahmen, die wirklich etwas verändern würden. Stattdessen werden weitere Untersuchungen durchgeführt und der nächste Dienstleister mit Befragungen beauftragt, die dann wieder intensiv diskutiert werden, als ob die Gründe für die Situation nicht hinlänglich bekannt wären.

Leider sind Führungskräfte und Mitarbeiter in solchen Welten häufig passiv-resignativ unzufrieden. Sie jammern und klagen über den (seit Jahren) vorhandenen, aus ihrer Sicht veränderungsbedürftigen Zustand. Eigene pro-aktive Handlungen, um den Zustand zu verändern, sind die Ausnahme. Viele haben sich in dem System gut eingerichtet und genießen die Vorteile des hohen inhaltlichen Freiraums bei moderater Leistungs- und Erfolgsorientierung, oft weitgehender Selbstdefinition der Arbeitsqualitäten und -inhalte und gesicherter Freizeit.

Das Betriebssystem in diesem Quadranten hat neben einigen Nachteilen aber auch viele Vorteile: Menschen bleiben im Regelfall ihrem Arbeitgeber lange erhalten. Vor dem Hintergrund der hohen Freiräume, die dieses Betriebssystem zulässt, sind viele Menschen mit ihrer Tätigkeit recht zufrieden. In diesem Modell wird meist mit gut qualifizierten Menschen gearbeitet. Häufig werden hochspezialisierte Dienstleistungen erbracht oder komplexe Produkte gefertigt. Die Verweildauer der Menschen in diesen Organisationen ist überdurchschnittlich hoch.

Wir halten fest:

Das Kuschelecken-Modell als verbreitetes Führungsmodell hat eine angenehme, menschenorientierte Kultur und findet sich häufig in kleineren bis mittelständisch geprägten Dienstleistungs-, Beratungs-, Entwicklungsorganisationen und öffentlichen Verwaltungswelten.

Das Segelboot

Wie wir sehen konnten, sind in unterschiedlichen Situationen unterschiedliche Führungsverhaltensweisen akzeptabel, notwendig und auch wirkungsvoll. Führung hat immer die Aufgabe, die Ziele der Organisation mit den Zielen der geführten Menschen in Übereinstimmung zu bringen und ist nur erfolgreich, wenn dies dauerhaft glückt. Es geht also darum, wie wir erreichen, dass Menschen ihre Selbstbestimmung für eine Aufgabe, für eine Phase oder zur Erreichung von Zielen zurückstellen, also zumindest phasenweise Formen von Fremdbestimmung akzeptieren. Wir halten es für sinnvoll, dass Sie als Führungskraft lernen, so zu führen, dass die Zurückstellung der Selbstbestimmung nach Möglichkeit weitgehend freiwillig erfolgt.

Dieses Führungsbetriebssystem findet sich in dem linken oberen Quadranten in Abb. 5, unserer Darstellung des grow.up. Führungskulturmodells, und ist gekennzeichnet durch Führung mit niedriger Vertikalität bei gleichzeitig hoher Effizienz. Dieses Betriebssystem findet sich oft bei Organisationen, die mit gut qualifizierten und überwiegend motivierten Menschen arbeiten. Seien es Berater, Anwälte, Ingenieure oder Software-Entwickler: Menschen, die gut für ihre Tätigkeit qualifiziert sind, erwarten geringe Vertikalitäten, wenn der Markt verfügbare Alternativen bietet. Sie wollen gehört und einbezogen sein.

Wichtig ist es, die für die jeweilige Entwicklungsphase der Organisation hilfreichen und notwendigen Instrumente implementiert zu haben, damit Führung nicht zu individuell verlaufen muss, denn dann wird sie wieder aufwendig. Neben einem Zielvereinbarungssystem zählen auch Instrumente strukturierten Feedbacks, gemeinsame Geschichten, Mythen und Legenden der Unternehmensentwicklung, gemeinsam genutzte und bekannte Arbeitsmodelle, die eine Ähnlichkeit der Haltung, der inneren Einstellung und der Vorgehensweisen bei der Arbeit ermöglichen sowie kleine und überschaubare Werte- und Regelsysteme dazu, die helfen, dass Mitarbeiterinnen und Mitarbeiter ihre Selbstbestimmung einem Regelsystem unterordnen, auch wenn sie in vielen Situationen gerne ihre Freiheit stärker ausleben würden.

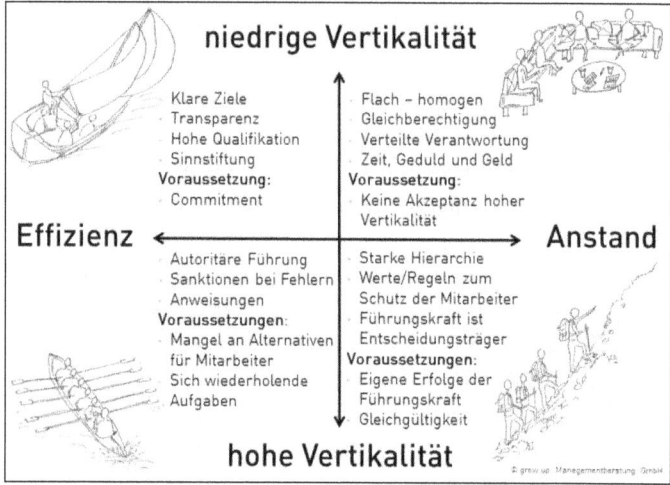

Abb. 5: Das Segelboot

Stellen Sie sich ein Segelboot vor, das an einer Regatta über eine längere Distanz teilnimmt. Auch hier gibt es wieder mehrere Bedingungen, die zu erfüllen sind. Die erste Bedingung, um ein solches Führungssystem wirkungsvoll werden zu lassen, ist das Vorhandensein von:

Sinnstiftung

Die (Mit-)Fahrt muss für den Einzelnen und für die Teams sinnstiftend sein. Das bedeutet nicht, dass nur mit der Organisation im Wesentlichen ethische oder idealistische Ziele verfolgt werden. Sinnstiftend ist es für Mitarbeiter vor allem, die eigenen Kenntnisse zu verbessern, Kunden zufrieden zu stellen, daran mitzuarbeiten qualitativ hochwertige Produkte zu schaffen oder besondere Innovationen zu erzeugen. Menschen empfinden Sinnstiftung, wenn Sie wissen, dass sich das Unternehmen auf Kundenzufriedenheit fokussiert und das Verhalten der Führung den langfristigen Erfolg der Organisation sichert.

Sinnstiftung hat einen hohen individuellen Anteil. Die Frage, was Menschen für sinnhaft empfinden, hängt sehr von ihrer individuellen Bedürfnisstruktur und Lebenssituation ab. Wenn jemand z. B. eine hohe Werteorientierung besitzt, wird diese Person es als sinnvoll empfinden, wenn die Organisation Werte hat, nach denen sie lebt und arbeitet. Wenn jemand idealistisch ist, wird ihm eine Organisation sinnvoll erscheinen, die idealistische Zielsetzungen verfolgt.

Neben den gebotenen Lern- und Entwicklungsmöglichkeiten finden Menschen die Zusammenarbeit mit hochqualifizierten Kollegen sinnvoll. Von diesen kann man etwas lernen. Ein angemessenes Maß an Entscheidungsfreiheit, also weder permanente Über- noch dauerhafte Unterforderung wird gleichfalls als sinnstiftend empfunden. Das bevorzugte Arbeitsmodell dieses Betriebssystem ist die Projektarbeit. Die hat in diesem Quadranten viele Vorteile: Die Abwechslung ist hoch und Menschen arbeiten oft in wechselnden Konstellationen zusammen. Wenn Menschen gut ausgebildet sind, suchen sie sich Berufe, in denen eher anspruchsvollere, individuelle Beratungs- oder Dienstleistungen erbracht werden. Die Flexibilität, die in der Projektarbeit erbracht werden kann, ist sehr hoch.

Klare Ziele

Die einzelnen handelnden Personen benötigen eine Klarheit darüber, was von der Organisation, ihrer Organisationseinheit und ihnen selbst erreicht werden soll. Sie brauchen eine Klarheit darüber, welcher *Zielhafen* angesteuert wird und in welchen Etappen dies erfolgt. Fast alle Organisationen, die mit dem Betriebssystem *Niedrige Vertikalität und hohe Prozessorientierung* arbeiten, haben Steuerungsinstrumente, die auf irgendeiner Form des Führens mit Zielen beruhen. Das ist auch sinnvoll, weil Führen über Ziele für gut qualifizierte, motivierte Menschen, die für ihre Tätigkeit eine gute Ausbildung und gute Hintergrundkenntnisse haben, sehr passend ist.

Herausfordernde Aufgaben sind für die Leistungsentfaltung von Menschen wichtig. Ziele müssen sinnvoll und messbar sein. Sie sind motivationstechnisch nur wirkungsvoll, wenn Freiheiten vorhanden sind, auf selbstbestimmten Wegen zum Ziel zu kommen.

Transparenz

Damit es den beteiligten Mitarbeitern und Führungskräften möglich ist effizient zu handeln, brauchen alle Beteiligten neben einem hohen Qualifikationsniveau Klarheit über die eigene Rolle, die zu erledigenden Aufgaben und ein ausreichendes Verständnis der Rollen und Aufgaben der anderen Beteiligten. Eine gute Zusammenarbeit zwischen den unterschiedlichen Bereichen einer Organisation sichert das dauerhafte, überdurchschnittliche Engagement der Beteiligten. Hilfreich ist die Klarheit über berufliche Aufstiegsmöglichkeiten. Hilfreich sind auch ausreichende Kenntnisse über die finanzielle Situation des Unternehmens.

Commitment

Um effizientes Führungshandeln zu ermöglichen, ist es erforderlich, dass alle beteiligten Mitreisenden ein Commitment abgeben und die vorgesehene Aufgabe und Rolle wahrnehmen. Alle Mitreisenden sind damit einverstanden, gemeinsam ein bestimmtes Etappenziel zu erreichen.

Eine wichtige Regel für leistungsorientierte Erfolgs-Organisationen: Lieber mit den Besten arbeiten, die nur drei bis vier Jahre bleiben, als mit dem Mittelmaß, das für immer bleibt.

Ein gutes Image des Arbeitgebers ist für den Stolz, dazu zu gehören, eindeutig hilfreich. Unternehmen, die es schaffen von den Kunden als *cool* wahrgenommene, attraktive Produkte zu erzeugen (Porsche, Apple etc.), tun sich auch bei dem Thema *Commitment* etwas leichter.

Eine wettbewerbsfähige Basisvergütung und leistungsbezogene Gehaltserhöhungen können das Commitment zur Organisation steigern. Hilfreich ist es auch, wenn Gehaltskriterien fair und konsistent sind.

Wichtig dabei ist die Erkenntnis, dass man auch auf einem Segelboot, auf dem sich alle freiwillig aufhalten, ohne Führung in bestimmten Situationen nicht weit kommt. Diese Führungsrolle wird (zumindest bis zum nächsten Hafen) an den Skipper delegiert und bleibt während dieser Reise auch dort.

Wir halten fest:

Das Segelboot-Modell hat eine sehr ergebnisfokussierte und gleichzeitig wenig hierarchische Kultur. Aufgrund der hohen Mitarbeiterqualifikation, werden sie in Entscheidungsprozesse miteinbezogen. Zwar stehen ein klares Ziel und die Zieletappen fest, jedoch darf der Weg vom Mitarbeiter individuell bestimmt und gestaltet werden. Dieses Betriebssystem findet sich häufig in den Beratungs-, Ingenieurs- und Softwareentwicklungsbranchen.

Schlusswort

Mit „Führungskultur verstehen und leben", dem ersten Werk unserer neuen Reihe, besitzen Sie nun die notwendigen Kenntnisse, um Ihre Situation und Ihr Umfeld richtig einschätzen zu können. Mit dem gewonnenen Wissen können Sie Ihr Verhalten und Handeln situationsgerecht anpassen. Darüber hinaus haben Sie ein tieferes Verständnis für unterschiedliche Organisations- und Führungsformen erlangen können.

Wir haben Ihnen vorgestellt, wie Sie sich anhand des Führungskulturmodells, in Ihrer Führungswelt verorten können und was diese Führungswelt für Sie und Ihre Mitarbeiter bedeutet. Die Vorstellung der Welten „Galeere", „Bergführer", „Kuschelecke" und „Segelboot", lässt Sie Möglichkeiten und Grenzen Ihres Führungsverhaltens treffsicher beurteilen und besser nutzen bzw. vermeiden.

Dieses erste Booklet der insgesamt fünfteiligen Reihe, ist ein Grundstein, der Verständnis für die Divergenzen verschiedener Unternehmens- und Führungswelten erzeugen soll. Es gibt Ihnen einen Überblick über die Eigenschaften, die auf die vier Führungswelten zutreffen und gibt Ihnen eine erste Idee zu beachtender und vermeidender Verhaltensweisen. In unseren aufeinander aufbauenden Booklets geben wir Ihnen einen detaillierten Einblick in die jeweiligen Quadranten. Wir gehen intensiver auf die Eigenarten, Vor- und Nachteile ein und zeigen Ihnen auf, wie Sie Ihre Arbeitsweise, Ihren Karriereweg und Ihr Führungsverhalten optimal auf Ihre Situation anpassen können.

Informationen zu verschiedenen Führungsthemen finden Sie auch auf unserer Seite unter **www.grow-up.de**.

Abonnieren Sie unseren Blog unter **blog-grow-up.de**. Wir schreiben regelmäßig zu Management-, Führungs- und Personalthemen, heiß diskutierten Tools, wie z. B. Design Thinking, Digitalisierung und vielen weiteren für Sie relevanten und interessanten Themen.

Entdecken Sie die E-Learning Kurse in unserer grow.up. Academy **www.academy.grow-up.de**.

Auch in den sozialen Medien sind wir vertreten. Gerne bleiben wir so mit Ihnen in Kontakt.

Unseren **YouTube-Kanal** finden Sie unter folgendem QR-Code:

  Hier finden Sie **weiterführende Videos.**

Oder besuchen Sie uns auf **Facebook** oder **Instagram**:

Senden Sie uns Ihre Meinung/Anmerkungen/Fragen zu unserem Buch entweder per Mail an **lorenz@grow-up.de** oder machen Sie uns die Freude und hinterlassen Sie uns Ihre Rezension direkt auf amazon.de.

Vielen Dank!

Literaturempfehlungen

Führung

Eichsteller, H. & Lorenz, M.: Fit für die Geschäftsführung im digitalen Zeitalter. Souveräne Performance in 8 Schritten. Frankfurt a. M.: Campus Verlag, 2019

Lorenz, M.: Generation Young – Wie sie denkt. Wie sie arbeitet. Göttingen: BusinessVillage, 2019

Lorenz, M.: Digitale Führungskompetenz. Wiesbaden: Springer Gabler Verlag, 2019

Lorenz, M., Rohrschneider, U.: Praxishandbuch Mitarbeiterführung. 4. Aufl. Freiburg: Haufe-Lexware Verlag, 2019

Lorenz, M., Rohrschneider, U.: Praktische Psychologie für den Umgang mit Mitarbeitern. 2 Aufl. Wiesbaden: Springer Gabler Verlag, 2014

Personalmanagement

Lorenz, M., Rohrschneider, U.: Der Personalentwickler. Wiesbaden: Gabler Verlag, 2010

Lorenz, M., Rohrschneider, U.: Erfolgreiche Personalauswahl. Wiesbaden: Gabler Verlag, 2015

Rohrschneider, U., Friedrichs, S., Lorenz, M.: Erfolgsfaktor Potenzialanalyse. Wiesbaden: Gabler Verlag, 2010

Weitere spannende und hilfereiche Bücher aus der
grow.up.-Reihe „Führung TO. GO.":

- Erfolgreiche Führung durch Motivation,
  ISBN: 978-1517749477

- Erfolgreiche Führung durch Delegation,
  ISBN: 978-1518717291

- Erfolgreiche Führung durch Kommunikation,
  ISBN: 978-1523423682

- Erfolgreiche Führung durch Selbstführung,
  ISBN: 978-1523421688

- Erfolgreiche Führung mit dem Vierfarben-Modell
  ISBN: 978-1540333735

- Erfolgreiches Verhandeln für Führungskräfte
  ISBN: 978-1544271309

- Professionelle Personalauswahl und -entwicklung,
  ISBN: 978-1516867226

- Feedbackkompetenz für Führungskräfte,
  ISBN: 978-1548914868

finden Sie auf www.amazon.de.

Der Autor

 **Michael Lorenz** ist Geschäftsführer der grow.up. Managementberatung GmbH in Gummersbach. Vorher war er langjährig Geschäftsführer und Partner der Kienbaum Management Consultants GmbH und leitete den Geschäftsbereich Human Resources Management.

Michael Lorenz berät nationale und internationale Kunden seit 1988 in Fragen der Strategie, der Personalentwicklung und der Management-Diagnostik. Schwerpunkte seiner Arbeit liegen in der Prozessbegleitung und Moderation von strategischen Neuausrichtungs- und Umstrukturierungsprozessen sowie in der Ausrichtung von Servicebereichen. Weitere Schwerpunkte liegen in Trainings und Workshops für Manager und Führungskräfte in den Themenfeldern Management, Führung und Vertrieb und in der Konzeption, Implementierung und Projektleitung bei Personalentwicklungsprojekten.

In individuellen Coachings begleitet Michael Lorenz Manager bei persönlichen Veränderungs- und Entwicklungsprozessen in Führungs- und Positionierungsfragen. Er hat zahlreiche Artikel und Bücher zum Themenfeld Management, Führung und Human Resources veröffentlicht.